Este libro le pertenece a:

....

Copyright © BPA Publishing Ltd 2020

Autora: Pip Reid

Ilustrador: Thomas Barnett

Director creativo: Curtis Reid

www.biblepathwayadventures.com

Gracias por apoyar a Bible Pathway Adventures®. Nuestra serie de aventuras ayuda a los padres a enseñarles a sus hijos sobre la Biblia de una forma divertida y creativa. Diseñada para toda la familia, la misión de Bible Pathway Adventures es reintroducir el discipulado en los hogares de todo el mundo. ¡La búsqueda de la verdad es más divertida que la tradición!

Los derechos morales de la autora y el ilustrador han sido declarados. Este libro está protegido por copyright.

ISBN: 978-1-989961-23-0

El Rey resucitó

Muerte y resurrección del Mesías

"No está aquí, porque ha resucitado, tal como Él dijo". (Mateo 28:6)

Pilatos, el gobernador romano, se puso de pie frente a la muchedumbre. "¿A quién queréis que libere?", preguntó. "¿A Barrabás o a Yeshua, el 'Rey de los judíos'?". Una vez al año, el gobernador romano liberaba a un prisionero elegido por el pueblo. "¡Crucificad a Yeshua!", gritaba la multitud.

Provocada por los líderes religiosos del templo, la turba comenzó a sublevarse. Pilatos tenía que actuar rápidamente. "¡Llevad a este hombre al monte Gólgota y crucificadlo!", bramó. Los líderes religiosos sonrieron. No les gustaba el modo en que aquel maestro de Galilea hablaba en contra de las normas y tradiciones instauradas por ellos mismos. ¡Su retorcido plan para deshacerse de Él había funcionado!

Los soldados romanos echaron una viga de madera sobre la espalda de Yeshua y lo condujeron a través de las calles de la ciudad. La Fiesta del Pan sin Levadura estaba a punto de comenzar y Jerusalén estaba llena de visitantes. La multitud se empujaba, todos ansiosos por echar un vistazo al famoso maestro.

Golpeado y agotado, Yeshua cayó de rodillas y soltó la pesada viga. Cuando los soldados vieron que no podía seguir adelante, eligieron a un hombre llamado Simón de entre la muchedumbre y le ordenaron que cargara con la viga hasta Gólgota.

Judas bajó la cabeza, sintiéndose muy afligido. Había deseado con todo su corazón que Yeshua fuese quien derrocara a los romanos. No podía entender las Escrituras que enseñaban que el Mesías vendría la primera vez como un sufrido sirviente. Había esperado que Él viniese como un rey conquistador, al igual que el rey David. "He traicionado a mi maestro", se lamentó. "Él no ha hecho nada malo".

Tomando el dinero que los líderes religiosos le habían pagado, Judas se dirigió apresuradamente al templo. Irrumpió en el patio y lanzó las treinta monedas de plata al suelo. "¡He pecado y he traicionado a un hombre inocente!". Los líderes religiosos miraron a Judas y luego le dieron la espalda. "Es tu problema", dijeron. "¡Fuiste tú quien decidió traicionarlo!". Lleno de confusión, Judas corrió fuera del templo y se suicidó en un campo.

Después de marcharse Judas, los sacerdotes recogieron las monedas de plata. "Este dinero está manchado de sangre", dijeron, "y va en contra de nuestra ley tenerlo en la tesorería del templo". Usaron aquel dinero para comprar un campo que sirviera como cementerio para extranjeros. Más adelante sería conocido como el Campo del Alfarero.

¿Sabías que?

El nombre hebreo de Jesús es Yeshua. Su nombre completo es Yehoshua, que significa "Dios es mi salvación".

Una gran multitud siguió a Yeshua hasta el Gólgota, un lugar situado fuera de las murallas de la ciudad. Allí era donde los soldados clavaban personas a estacas por desobedecer a los gobernantes romanos. A este horrible castigo se le conocía como crucifixión. Despojando a Yeshua de su ropa, los soldados romanos clavaron sus muñecas a la viga de madera. Luego atravesaron sus tobillos con clavos de acero para fijarlos a una estaca. Estas dos piezas de madera formaban una cruz.

Utilizando cuerdas, los soldados pusieron la cruz en pie con Yeshua unido a ella hasta que Él quedó por lo alto del suelo. Un asesino y un ladrón fueron crucificados a ambos lados de Yeshua. Encima de su cabeza colgaron un letrero que decía: "Éste es el Rey de los judíos".

Los enemigos de Yeshua miraban con escepticismo el letrero. No creían que Él pudiese ser el rey de nadie. Fueron a decirle a Pilatos: "No digas que Él era el Rey de los judíos". Pero Pilatos sacudió la cabeza. Sabía que los líderes religiosos le tenían envidia al maestro de Galilea. "Lo que he escrito permanecerá escrito", les indicó.

¿Sabías que?
La crucifixión era una forma común de ejecución en todo el Imperio Romano. A menudo, los romanos alineaban cuerpos colgados en cruces y estacas en las carreteras de las ciudades para sembrar el miedo en las personas.

Esa mañana, la gente llegó desde tierras cercanas y lejanas hasta Jerusalén con sus corderos para el sacrificio de la Pascua. Al acercarse a los muros de la ciudad, muchos de ellos se detenían a reírse de Yeshua. "Ibas a destruir el templo y reconstruirlo en tres días", dijeron. "Baja de esa cruz si es que eres el Hijo de Dios".

Otros se quedaban mirando a Yeshua con incredulidad. Pensaban que Él había venido a derrocar a los romanos y a convertirse en el rey de Israel. Pero, en vez de eso, lo habían golpeado y crucificado. Los espectadores se apartaron y se dirigieron hacia la ciudad, incapaces de contemplar aquella terrible escena.

Los líderes religiosos también acudieron a burlarse. "¡Salvó a otros, pero no se puede salvar a Sí mismo! ¡Dejad que veamos al rey de Israel bajarse de esta cruz ahora!". Los soldados y el ladrón lo insultaron de la misma manera: "Si eres el Mesías, sálvate y sálvanos a nosotros". Pero el asesino defendía a Yeshua diciendo: "Él no ha hecho nada malo".

Aunque sus enemigos se burlaban de Él, Yeshua aún los amaba y estaba dispuesto a morir por sus pecados. Con gran dolor, rezó: "Padre, perdónalos porque no saben lo que hacen".

Al mediodía, una extraña oscuridad cayó sobre Jerusalén. El sol no brilló durante tres horas. En el templo, hicieron sonar los shofares para anunciar el comienzo de los sacrificios de la Pascua. Los pesados portones se abrieron y miles de personas, con sus corderos sacrificiales, llenaron los patios del templo.

Los sacrificios de la Pascua continuaron en el templo toda la tarde. Los sacerdotes sacrificaron tantos corderos que nadie los pudo contar. Fuera de la ciudad, Yeshua colgaba de la cruz sin decir palabra. Mientras los soldados esperaban a que muriese, tomaron su ropa y se la repartieron.

De repente, Yeshua clamó en voz alta: *"Elohim! Elohim! L'mah sh'vaktani?"*, que quería decir: "¡Mi Dios, Mi Dios!, ¿por qué Me has desamparado?". Algunas personas se burlaban diciendo: "¡Escuchad! Está llamando al profeta Elías. ¡Veamos si Elías lo baja de esa cruz!". Poco después, Yeshua dijo: "Tengo sed". Un soldado le ofreció una esponja empapada en vinagre, pero Él se negó a beberlo. Luego clamó: "Padre, en Tus manos encomiendo Mi espíritu". Inclinó su cabeza y murió.

Cosas extrañas y misteriosas comenzaron a suceder alrededor de Jerusalén. Un gran terremoto sacudió la ciudad. Las rocas se quebraron y el suelo en las inmediaciones de la cruz se agrietó como la cáscara un huevo. La cortina especial del templo se rasgó de arriba a abajo. La cortina separaba una habitación interior, llamada el Lugar Santísimo, del resto del templo. Únicamente el Sumo Sacerdote tenía permitido pasar detrás de la cortina una vez al año.

En Gólgota, un soldado romano que hacía guardia quedó maravillado por todo lo sucedido. "En realidad, éste era el Hijo de Dios", se dijo. No muy lejos estaban los amigos y familiares de Yeshua, incluida Su madre María, María Magdalena y otras mujeres quienes lo habían seguido desde Galilea. Contemplaban la cruz, llorando y lamentándose por su Maestro.

Los soldados que vigilaban la cruz tenían otro trabajo por hacer. Rompieron las piernas del asesino y del ladrón para así acelerar sus muertes. Pero cuando se acercaron a Yeshua, vieron que ya había muerto y no rompieron Sus piernas. En vez de eso, le clavaron una lanza en el costado. Una mezcla de sangre y agua brotó de su cuerpo, salpicó el suelo y corrió a través de las grietas de la tierra.

Esa tarde, un discípulo secreto de Yeshua, llamado José de Arimatea, corrió a ver al gobernador romano. José, que era un miembro del consejo religioso judío llamado Sanedrín, no había estado de acuerdo con la decisión de condenar a muerte a Yeshua. Armándose de valor, José pidió a Pilatos el cuerpo de Yeshua. Pilatos se sorprendió al oír que ya había muerto. "¿Es esto cierto?", preguntó a los soldados. "Los hombres crucificados generalmente tardan mucho más tiempo en morir". Cuando Pilatos se aseguró de que era verdad, ordenó que bajaran el cuerpo de la cruz y se lo entregaran a José.

Con la ayuda de su amigo Nicodemo, José envolvió el cuerpo cuidadosamente con una tela de lino blanca y lo depositó en su propia tumba, excavada en roca sólida. Frente a la tumba, las mujeres que habían venido de Galilea observaban dónde colocaban el cuerpo de Yeshua. Después se marcharon con prisa hacia la ciudad para preparar especias y perfume para Su cuerpo.

Justo cuando el sol se ponía, José y Nicodemo colocaron una piedra grande delante de la tumba para que así nadie pudiese salir o entrar. Al mismo tiempo, el cielo sobre Jerusalén se llenó del humo de los hornos que cocinaban los miles de corderos de la Pascua. La gente se reunía para comer carne asada y recordar cómo Dios había ayudado a sus ancestros a escapar de la esclavitud en Egipto.

Al día siguiente, varios líderes religiosos se apresuraron a ir a ver a Pilatos. Aunque Yeshua ya había muerto, tenían miedo de que Sus discípulos pudieran robar el cuerpo. "Ese hombre dijo que resucitaría", dijeron a Pilatos. "Danos soldados para que vigilen la tumba, no sea que los discípulos roben Su cuerpo y le digan a todos que Él ha resucitado de entre los muertos".

Pilatos se sentó en el borde de su asiento mientras tamborileaba con los dedos. No quería que los discípulos de Yeshua causaran problemas durante la Fiesta del Pan sin Levadura. "Id y vigilad la tumba", dijo a sus soldados. "Hacedla todo lo segura que podáis".

Los soldados romanos marcharon hacia la tumba y clavaron una pica de acero en la roca para que la puerta no se pudiera abrir. Después hicieron guardia ante la tumba todo el día y toda la noche, para que nadie pudiera robar el cuerpo.

¿Sabías que?

Los hombres ricos eran enterrados en sus tumbas, a menudo cortadas en roca sólida fuera de la ciudad.

Tres días después de la muerte de Yeshua, otro gran terremoto sacudió a Jerusalén. Una luz brillante destelló alrededor de la tumba y un imponente ángel con cegadoras ropas blancas bajó del cielo como un rayo.

Los soldados que vigilaban la tumba estaban aterrorizados. Cayeron al suelo como si estuvieran muertos. No eran rivales para el Rey resucitado y Su poderoso ángel. Al mismo tiempo, muchas tumbas antiguas situadas fuera de la ciudad también se abrieron, y muchos hombres santos que habían muerto resucitaron y abandonaron sus sepulcros.

Cuando los soldados volvieron en sí, el ángel había desaparecido. ¡La piedra de la puerta se había movido y la tumba estaba vacía! Corrieron a la ciudad para comunicar lo sucedido a los líderes religiosos. Pero estos andaban muy ocupados. Era la Fiesta de las Primicias, un tiempo señalado en el que la gente daba gracias a Dios por la inminente cosecha. Este día cada año, el Sumo Sacerdote presentaba la primera parte de la cosecha de cebada ante Dios en el templo. Los soldados, nerviosos, permanecieron fuera del templo y esperaron a que la ceremonia terminara.

"Un ángel ha quitado la piedra de la entrada", dijeron los soldados a los líderes religiosos cuando al fin se reunieron. "La tumba está vacía. No sabemos dónde puede estar el cuerpo". Un sacerdote levantó la mano para callar a los hombres. Él no creía en ángeles o en la vida después de la muerte. "No podemos decir a la gente que el cuerpo ha desaparecido. Podrían creer que este hombre era el Mesías prometido y entonces pueden venir por nosotros".

Los líderes religiosos estuvieron de acuerdo. No querían que los seguidores de Yeshua provocasen disturbios durante la Fiesta de las Primicias. En lugar de eso, idearon un plan astuto. Entregaron a los soldados una gran bolsa de dinero y les dijeron: "Contad que Sus discípulos llegaron durante la noche y robaron el cuerpo mientras vosotros dormíais".

Los soldados se miraron ansiosos unos a otros. No estaban seguros si les gustaba mucho esta idea. En el ejército romano, a los soldados que se quedaban dormidos durante las guardias se les condenaba a muerte. "No os preocupéis", añadieron los líderes religiosos. "Si Pilatos se entera de lo que pasó, nosotros os protegeremos".

¿Sabías que?

Muchas personas creen que hay formas diferentes de pronunciar el nombre de Dios. Estas incluyen, por ejemplo, Yah, Yahweh y Yahuah.

Temiendo que los líderes religiosos los hicieran arrestar, los discípulos se escondieron en una casa en Jerusalén para no ser vistos. Los hombres oraban y lloraban por su maestro muerto. Aunque Él les había explicado muchas veces la cercanía de Su muerte y resurrección, ellos aún no lo entendían.

De repente, María Magdalena irrumpió en la casa. Entre jadeos, exclamó: "¡He visto al Mesías!". Aquella mañana había acudido a la tumba con ungüentos y especias para embalsamar Su cuerpo. Pero, para su sorpresa, encontró la piedra movida de su sitio y la tumba estaba vacía.

Había corrido a informar a los discípulos, pero solo Pedro y Juan la acompañaron de regreso al jardín. Vieron la tumba vacía, pero sin rastro de Yeshua. Ahora, María había regresado con estas noticias: "Un desconocido se me acercó", dijo. "Pensé que era un jardinero, ¡pero era nuestro Mesías!".

Antes de que pudiera terminar su testimonio, el resto de las mujeres llegó a la casa. Temprano por la mañana, habían ido a la tumba y habían visto a dos ángeles. Las mujeres comenzaron a hablar todas al mismo tiempo, comparando relatos de lo que habían visto. "Yeshua quiere que vayáis a Galilea", dijo María Magdalena a los discípulos. "Allí os encontraréis con Él".

Ese mismo día, dos discípulos abandonaron Jerusalén rumbo a un pueblo llamado Emaús. Mientras caminaban, hablaban sobre todas las cosas extrañas y maravillosas que habían ocurrido durante la Pascua.

Pronto se les unió un desconocido. "¿Por qué estáis tan tristes?", preguntó. Los discípulos se detuvieron. "¿Es que no te has enterado de la muerte del Maestro, Yeshua? Él impartía enseñanzas sobre el Reino de Dios. Nosotros creíamos que nos liberaría de los gobernantes romanos, pero los líderes religiosos exigieron Su muerte".

El desconocido negó con su cabeza. "Qué tontos sois. Está anunciado en las Escrituras que el Mesías moriría por los pecados de Su pueblo". Entonces, utilizando las palabras de Moisés y los profetas, les explicó cómo y por qué el Mesías hubo de morir. Los corazones de los discípulos se llenaron de alegría.

Cuando llegaron a Emaús, los dos discípulos invitaron al desconocido a comer. Mientras bendecía la comida, le reconocieron como Yeshua. Pero, repentinamente, desapareció. ¡Los discípulos estaban tremendamente emocionados! Corrieron de vuelta a Jerusalén para contarles a los otros discípulos que Yeshua había resucitado de entre los muertos.

Una vez en la ciudad, los dos discípulos contaron a los demás su encuentro con el Mesías resucitado. "¡Hemos hablado con el Maestro! Nos indicó dónde dicen las Escrituras que Él es el Salvador de Israel". Los otros asentían convencidos. "Es cierto. ¡Pedro también lo vio cuando vosotros estabais fuera!"

Mientras los discípulos hablaban sobre las Escrituras, Yeshua apareció repentinamente entre ellos. *"Shalom Aleichem"*, les dijo. "Que la paz esté con vosotros". Los discípulos se quedaron boquiabiertos. El Maestro estaba allí. "¡Debe de ser un fantasma!", exclamaron. "Todas las puertas y ventanas están cerradas. ¿De qué otra manera ha podido entrar en la habitación?".

Yeshua sonrió a Sus asustados discípulos. "No tengáis miedo. Acercaos, podéis tocarme". Les enseñó las cicatrices en Sus muñecas y tobillos. "Venid, no soy un fantasma. Tengo piel y huesos". Los discípulos se acercaron y suavemente tocaron las heridas en Sus muñecas y en Su costado. "Realmente eres el Hijo de Dios", dijeron.

Las noticias de que Yeshua había resucitado corrieron rápidamente por toda Jerusalén. Ni siquiera su propio hermano, Santiago, había creído que Él fuese el Mesías. Ahora, Santiago y muchos otros finalmente creyeron.

Pedro y los discípulos marcharon de Jerusalén a Galilea. Era primavera y las colinas estaban llenas de flores y pájaros. Vieron en el camino camellos que transportaban mercancías de Egipto, y caravanas de comerciantes con grano para abastecer a Roma.

Una tarde los discípulos fueron de pesca al mar de Galilea. Aunque dedicaron toda la noche, no lograron atrapar ni siquiera un solo pez. Cuando amaneció, vieron a un desconocido que estaba de pie en la orilla. No se dieron cuenta de que el desconocido era Yeshua.

Yeshua los llamó y les dijo: "Lanzad vuestra red por el lado derecho del bote". Cuando los discípulos hicieron lo que Yeshua les había dicho, la red se llenó con tantos peces que el pequeño bote casi se hunde. "¡Mirad!", dijo Juan, señalando al desconocido. "¡Es el Mesías!". Despojándose de la túnica, Pedro saltó al agua y nadó rápidamente hacia la orilla. Juan y los discípulos le siguieron a bordo de la pequeña embarcación, arrastrando la red llena de peces detrás de ellos. Estaban todos emocionados por ver a su Maestro nuevamente.

Cuando los discípulos alcanzaron la orilla, descubrieron una fogata con pescado y pan. "Traed algunos de los peces que acabáis de atrapar", dijo Yeshua. Con sus estómagos gruñendo, los discípulos hambrientos le entregaron pescados de su red. Ninguno se atrevía a preguntarle quién era. Sus corazones ya sabían que era el Rey resucitado.

Esa mañana, los discípulos se sentaron en la orilla y saborearon un desayuno delicioso de pescado fresco y pan. Tras comer, Yeshua se volvió hacia Pedro. "¿Me amas?", le preguntó tres veces. Pedro bajó la mirada al suelo. Aún se sentía avergonzado por haber negado conocer al Mesías. "Sí, sabes que te amo", contestó cada vez que el Maestro preguntaba. "Entonces alimenta a Mi rebaño", le pidió Yeshua. Quería que Pedro cuidara y enseñara cosas a Su pueblo, Israel.

El Mesías se apareció a los discípulos muchas veces después de haber resucitado. Hablaba con ellos una y otra vez sobre el Reino de Dios y les explicaba que Su venida estaba anunciada en las Escrituras. Les dio instrucciones importantes. "Id por todas partes y haced discípulos. Enseñadles a hacer todo lo que Yo os he enseñado a vosotros", les dijo.

Pedro y los discípulos abandonaron Galilea y fueron a Jerusalén para celebrar la Fiesta de Shavuot. El camino estaba muy concurrido, con gente y bueyes que cargaban cestas con grano para el templo. Todos cantaban y bailaban y alababan a Dios en aquella fiesta especial de acción de gracias.

En Jerusalén, Yeshua se apareció a los discípulos por última vez. Comió con ellos y les dijo: "Quedaos en la ciudad y esperad al Espíritu Santo de Dios". Después, los condujo al Monte de los Olivos, donde, alzando las manos, los bendijo. Después, sin más palabras, ascendió a los cielos ante los ojos de sus discípulos y desapareció.

Los discípulos estaban asombrados. ¿Adónde había ido su Rey? Mientras observaban el cielo, dos hombres vestidos de blanco aparecieron de pronto su lado. "¡Vosotros, galileos! ¿Qué hacéis ahí mirando el cielo? Un día vuestro Rey regresará de la misma forma en que lo habéis visto subir al cielo", dijeron.

Los discípulos retornaron a Jerusalén llenos de alegría. ¡Algún día volverían a ver a su Mesías nuevamente! Pero, de momento, debían iniciar la misión que Yeshua les había encomendado: difundir la buena nueva del Rey resucitado y Su amor infinito por Su pueblo en todas partes.

FIN

¡Prueba tu conocimiento!
(Empareja la pregunta con la respuesta correcta en la parte de abajo de la página)

PREGUNTAS

¿Quién sentenció a Yeshua a morir en la estaca? ....

¿Quién llevó la viga de Yeshua a Gólgota? ....

¿Cuál de los discípulos de Yeshua lo traicionó? ....

¿Quién rodó la piedra de la tumba? ....

¿En qué tiempo señalado Yeshua resucitó de su tumba? ....

¿Qué usó el soldado romano para atravesar el costado de Yeshua? ....

¿Quién le pidió a Pilatos el cuerpo de Yeshua? ....

¿Quién se les apareció a dos discípulos en el camino a Emaús? ....

Después de la resurrección, ¿a dónde fueron los discípulos a pescar? ....

¿Qué instrucciones importantes les dio Yeshua a Sus discípulos? ....

RESPUESTAS

1. Pilatos, el gobernador romano
2. Simón
3. Judas
4. Un ángel
5. Fiesta de las Primicias
6. Una lanza
7. José de Arimatea
8. Yeshua
9. Mar de Galilea
10. Id y haced discípulos

Completa la sopa de letras

JERUSALÉN   **TUMBA**
DISCÍPULOS   **ROMANOS**
MESÍAS   **PASCUA**
PILATOS   **TEMPLO**
GALILEA   **GÓLGOTA**

```
G A L I L E A G W J
T T Q M V R U Ó X E
I T U E Q U D L R R
P L E M A G O G O U
A I R M B I R O M S
S W H G P A U T A A
C G B H S L Y A N L
U P I L A T O S O É
A J W M E S Í A S N
D I S C Í P U L O S
```

Bible Pathway Adventures®

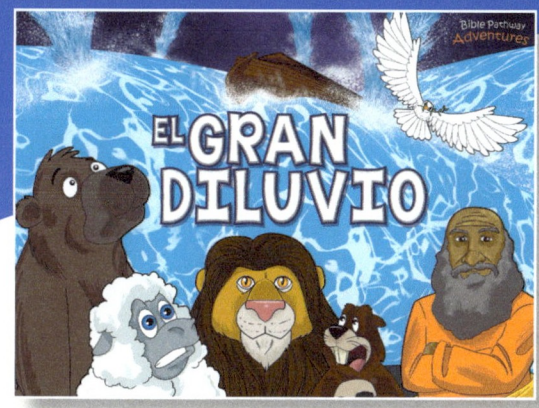
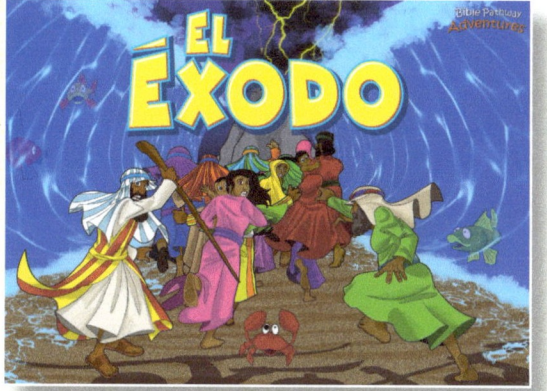

Salomón

El Éxodo

¡Naufragio!

La huida de Egipto

Enfrentándose al Gigante

El Gran Diluvio

La Novia Elegida

El Nacimiento del Rey

Traición al Rey

Tragado por un pez

Vendido como Esclavo

Arrojado a los Leones

Salvado por un Asna

¡Descubre más historias de la Biblia de Bible Pathway Adventures!

Consulte los libros de actividades de Bible Pathway Adventures

IR A

www.biblepathwayadventures.com

www.ingramcontent.com/pod-product-compliance
Lightning Source LLC
Chambersburg PA
CBHW040319100526
44583CB00004BB/155